Redaktion und Layout: Sylvia Tress

Postfach 10 03 25, 73703 Esslingen
www.esslinger-verlag.de

ISBN 978-3-480-22604-7

Weihnachtsfreude

... von Plätzchenduft, Tannenbaum und Lichterglanz

esslinger

Der Wintersmann

Wer klopft an unsrer Türe an?
Wer ist denn da?
Der Wintersmann!
Er ist gekommen über Nacht
und hat viel Eis und Schnee gebracht.
Lassen wir ihn herein?
O nein, o nein!
Sonst könnt´ es gar im Zimmer schnein.
Er soll hübsch auf der Straße bleiben,
wir schauen durch die Fensterscheiben.

unbekannter Dichter

Schlittenfahrt

Wenn die ersten dicken Flocken vom Himmel fallen, ist es wieder an der Zeit: Schlitten ausgepackt, Mütze auf und nichts wie raus in die weiße Wunderwelt!
Schon steht man ganz oben am Hang und rodelt schneller und schneller bergab. Der Schnee wirbelt, die Luft weht eisig ins Gesicht und man spürt – wie in Kindertagen – das wunderbare Gefühl von Freiheit.
Wer es gemütlicher mag, unternimmt vielleicht eine kleine Fahrt mit dem Pferdeschlitten und genießt die Winterwelt dick in weiche Decken gemummelt auf der Rückbank. Die Glöckchen klingeln, die Wälder glitzern im Sonnenschein und zwischendurch legt man eine kurze Rast ein, wärmt sich auf und genießt ein Glas heißen Glühwein – das ist der Winter auf seine schönste Weise!

NOCH EINMAL SO BEDENKENLOS WÜNSCHEN,
NOCH SO STAUNEN KÖNNEN WIE EIN KIND.
SICH VERZAUBERN LASSEN VOM
PLÄTZCHENDUFT UND LICHTERGLANZ.
GESPANNT SEIN, SICH BEGEISTERN KÖNNEN,
JUBELN VOR FREUDE.

unbekannter Dichter

WEIHNACHTEN – ES WAR IMMER MEIN SCHÖNSTES FEST.

Theodor Storm

Weihnachtsmarkt

Am späten Nachmittag, wenn es dunkelt, erstrahlen die Weihnachtsmärkte in hellem Lichterglanz.
Es duftet nach Glühwein, Punsch und frisch gebackenen Waffeln. Bunte, weihnachtlich dekorierte Buden laden zum Bummeln und Staunen ein. Vielleicht findet sich ja auch schon ein hübsches Geschenk für unsere Lieben?
Ein bisschen Weihnachtsmusik bringt uns in Feststimmung und leuchtende Kinderaugen versetzen uns zurück in unsere eigene Kindheit, in der die Weihnachtszeit noch voller Wunder war.
Langsam schlendern wir von Stand zu Stand, gönnen uns noch ein paar gebrannte Mandeln oder einen leckeren Bratapfel und kehren weihnachtlich gestimmt nach Hause zurück.

DIE BESTE WEIHNACHTSDEKORATION IST VIELLEICHT, VON LÄCHELNDEN GESICHTERN UMGEBEN ZU SEIN.

unbekannt

Das Christbäumchen

Die Bäume stritten einmal miteinander, wer von ihnen der vornehmste wäre.
Da trat die Eiche vor und sagte: „Seht mich an! Ich bin hoch und dick und habe viele Äste, und meine Zweige sind reich an Blättern und Früchten."
„Früchte hast du wohl", sagte der Pfirsichbaum, „allein es sind nur Früchte für die Schweine. Die Menschen mögen nichts davon wissen. Aber ich, ich liefere die rotbackigen Pfirsiche für die Tafel des Königs."
„Das hilft nicht viel", sagte der Apfelbaum, „von deinen Pfirsichen werden nur wenige Leute satt. Auch dauern sie nur wenige Wochen. Dann werden sie faul und niemand kann sie mehr brauchen. Da bin ich ein anderer Baum. Ich trage alle Jahre Körbe voll Äpfel, die brauchen sich nicht zu schämen,

wenn sie auf eine vornehme Tafel gesetzt werden. Sie machen auch die Armen satt. Man kann sie den ganzen Winter im Keller aufbewahren oder im Ofen dörren oder Most daraus keltern. Ich bin der nützlichste Baum!"
„Das bildest du dir nur ein", sagte die Fichte, „aber du irrst dich. Mit meinem Holz baut man die Häuser und heizt man die Öfen. Mich schneidet man zu Brettern und macht Tische, Stühle, Schränke, ja sogar Schiffe daraus. Dazu bin ich im Winter nicht so kahl wie ihr: Ich bin das ganze Jahr

hindurch schön grün. Auch habe ich noch einen Vorzug. Wenn es Weihnachten wird, dann kommt das Christkindchen, setzt mich in ein schönes Gärtchen und hängt goldene Nüsse und Äpfel an meine Zweige.
Über mich freuen sich die Kinder am allermeisten. Ist das nicht wahr?"
Dem konnten die anderen Bäume nicht widersprechen.

Wilhelm Curtman

Schenken

Schenke groß oder klein,
aber immer gediegen.
Wenn die Bedachten
die Gaben wiegen,
sei dein Gewissen rein.
Schenke herzlich und frei.
Schenke dabei
was in dir wohnt
an Meinung, Geschmack und Humor,
sodass die eigene Freude zuvor
dich reichlich belohnt.
Schenke mit Geist ohne List.
Sei eingedenk, dass dein Geschenk
du selber bist.

Joachim Ringelnatz

Weihnachtsbäckerei

Zimtsterne, Kokosmakronen, Bärentatzen. Lebkuchen, Stollen und Vanillekipferl ... Jedes Jahr freuen wir uns wieder auf die Weihnachtsbäckerei.
Welche Sorten backen wir dieses Mal? Bei all den Leckereien fällt die Auswahl schwer. Rasch den Teig geknetet – nur das Naschen nicht vergessen! – und schon entstehen Herzen, Sterne oder Lebkuchenmänner. Das Beste daran ist, die Plätzchen nach Lust und Laune zu verzieren. Ob mit Mandelplättchen, Hagelzucker oder Schokoglasur, was beliebt, ist auch erlaubt.
Ist das erste Blech im Ofen, verbreitet sich langsam der feine Duft im ganzen Haus. Spätestens jetzt ist allen klar – das schönste Fest des Jahres ist nicht mehr weit!

SCHNEE, ZÄRTLICHES GRÜSSEN DER ENGEL,
DEN MENSCHEN, DEN TIEREN!
WEISSESTE FEIER DER ABGESCHIEDENHEIT.

Franziska Stoecklin

Nikolaustag

Von drauß´ vom Walde komm ich her ... in der Nacht zum 6. Dezember warten alle Kinder sehnlichst auf den Besuch vom Nikolaus.
Vor der Türe stehen die Schuhe bereit für Naschwerk und kleine Geschenke – natürlich nur für die braven Kinder!
Wie sehr hat man als Kind gebangt, ob sich der Nikolaus wirklich alle Missetaten notiert hat. Hoffentlich hat er die kleinen Schwindeleien übersehen!
Und welch ein Erlebnis, wenn er leibhaftig vor einem stand!
Mit Rauschebart und Rute. Ganz kleinlaut und beeindruckt hat man sein Gedicht aufgesagt und sich fest vorgenommen, im nächsten Jahr ganz brav zu sein.
Und wie ist es heute? Vielleicht bereitet man selbst in der Nacht zum Nikolaustag seinen Lieben eine kleine Überraschung und bringt den Zauber wieder zum Leben!

Das Tännlein

Ein Tännlein aus dem Walde,
und sei es noch so klein,
mit seinen grünen Zweigen
soll unsre Freude sein!
Es stand in Schnee und Eise
in klarer Wintersluft;
nun bringt's in unsre Stuben
den frischen Waldesduft.

Albert Sergel

SÜSSER DIE GLOCKEN NIE KLINGEN,
ALS ZU DER WEIHNACHTSZEIT.
´S IST ALS OB ENGELEIN SINGEN,
WIEDER VON FRIEDEN UND FREUD.

Friedrich Wilhelm Kritzinger

Christbaum schmücken

O Tannenbaum, o Tannenbaum ... ohne Christbaum ist Weihnachten kaum vorstellbar! Entstanden ist unser liebster Weihnachtsbrauch im 17. Jahrhundert im Schwarzwald. Die ersten Tannen waren noch recht schlicht mit Äpfeln, Nüssen und Papierblumen geschmückt. Wachskerzen waren damals sehr teuer und nur an den Bäumen reicher Familien zu finden.

Bald wurden die bunten Bäume mit allerhand süßen Köstlichkeiten geschmückt. Zur Freude der Kinder, die spät am Heiligen Abend den Baum „plündern" durften.

Heutzutage bieten sich fast unendlich viele Möglichkeiten seinen Christbaum zu dekorieren. Ob traditionell, modisch oder ein bisschen kitschig – wenn der Baum im Kerzenschein erstrahlt, zeigt sich der Zauber der Weihnachtszeit.

DER ZAUBER STECKT IMMER IM DETAIL.

Theodor Fontane

Weihnachten in der Stadt

Und endlich kommt die heilige Nacht. So kurz die Tage sind, so hat doch an diesem Tage die Nacht gar nicht kommen wollen und immer dauerte der Tag.
Das Christkind aber gibt die Gaben nur in der Nacht seiner Geburt. Und sie ist jetzt gar wirklich gekommen, diese Nacht. Die Lichter brennen schon in dem schönen Zimmer der Stadtleute, auf der Leuchte in der Stube der alten Waldhütte brennt der Kien oder es brennt ein Span in seiner eisernen Zange auf einem hölzernen Gestelle. In dem Zimmer mit den Lichtern oder in der Stube mit dem brennenden Kien oder dem brennenden Span harren die Kinder. Da kommt die Mutter und sagt: „Das Christkindlein ist schon da gewesen."

Und nun öffnen sich die Flügeltüren und die Kinder und alle, die gekommen sind, die Freude zu teilen, gehen in das verschwiegene Zimmer. Dort steht der Baum, der sonst nichts als grün gewesen ist.
Jetzt sind unzählige flimmernde Lichter auf ihm und bunte Bänder und Gold und unbekannte Kostbarkeiten hängen von ihm nieder. Und der Gaben ist eine Fülle auf ihm, dass man sich kaum fassen kann. Die Kinder sehen ihre liebsten Wünsche erfüllt und sogar die Erwachsenen und selbst der Vater und die Mutter haben von dem Christkinde Geschenke erhalten, weil sie

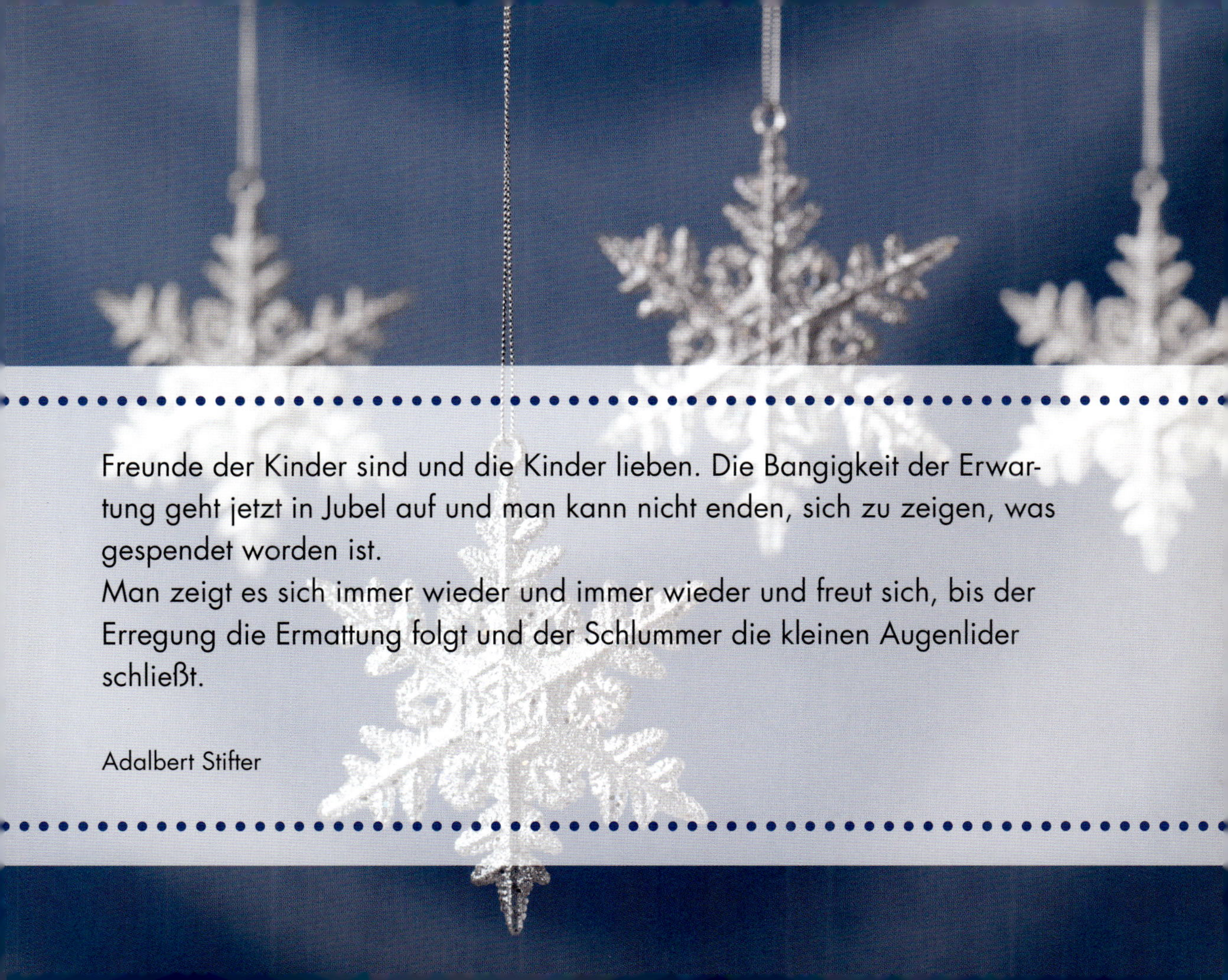

Freunde der Kinder sind und die Kinder lieben. Die Bangigkeit der Erwartung geht jetzt in Jubel auf und man kann nicht enden, sich zu zeigen, was gespendet worden ist.
Man zeigt es sich immer wieder und immer wieder und freut sich, bis der Erregung die Ermattung folgt und der Schlummer die kleinen Augenlider schließt.

Adalbert Stifter

UND WIEDER STRAHLEN WEIHNACHTSKERZEN,
UND WIEDER LOHT DER FLAMME SCHEIN,
UND FREUDE ZIEHT IN UNSRE HERZEN
ZU DIESER HEIL'GEN WEIHNACHT EIN.

unbekannter Dichter

Wünsche zum neuen Jahr

Ein bisschen mehr Friede und weniger Streit.
Ein bisschen mehr Güte und weniger Neid.
Ein bisschen mehr Liebe und weniger Hass.
Ein bisschen mehr Wahrheit, das wäre was.

Statt so viel Unrast ein bisschen mehr Ruh.
Statt immer nur Ich ein bisschen mehr Du.
Statt Angst und Hemmung ein bisschen mehr Mut.
Und Kraft zum Handeln, das wäre gut.

In Trübsal und Dunkel ein bisschen mehr Licht.
Kein quälend Verlangen, ein bisschen Verzicht.
Und viel mehr Blumen, solange es geht.
Nicht erst an Gräbern – da blühn sie zu spät.

Peter Rosegger

BILDVERZEICHNIS

Titelfotos: © iStock
Hintergrund: Johanna Doorenbosch; unten links: Gene Krebs; unten rechts: Kati Molin;
Rückseite: Mike Bentley
Innenseiten © iStock:
S. 4/5: Kati Molin; S. 6: Hedda Gjerpen; S. 7: Heather Down; S. 8: John Carvalho;
S. 9 (oben): Suzanne Tucker; S. 9 (Mitte): Andrzej Fryda; S. 9 (unten): Olga Mirenska;
S. 10: Floortje; S. 11: Kati Molin; S. 12/13: Lynn Seeden; S. 14: Andrew Chambers;
S. 15: esmelwe; S. 16: Lisa Thornberg; S. 17 (oben): Marketa Ebert;
S. 17 (Mitte): Adam Korzekwa; S. 17 (unten): Kati Molin;
S. 18: Cynthia Baldauf; S. 19: anettelinnea; S. 20: Wallenrock;
S. 20/21: Tjasa Maticic; S. 22: asiseeit; S. 23: gbrudin;
S. 24: ALEAIMAGE; S. 25 (oben): Liza McCorkle;
S. 25 (Mitte): Suzanne Tucker; S. 25 (unten): Marie Fields;
S. 26/27: Reuben Schulz; S. 28: Paul Kline; S. 29: Dirk Richter; S. 30: Mike Bentley;
S. 31: Jamie Carroll; S. 32: Oscar Gutierrez; S. 33: Darren Fisher; S. 34: Mike Bentley;
S. 35 (oben): Frank Haub; S. 35 (Mitte): Chris Fisher; S. 35 (unten): Marek Tihelka;
S. 36/37: xyno; S. 38: Roby Sylvan; S. 39: Joe Biafore; S. 40/41: Lisa Thornberg;
S. 42: Cynthia Baldauf; S. 43: mihaicalin; S. 44: Jill Chen; S. 45: Jill Chen